Sabine Pfisterer

Religionsunterricht in der pluralen Gesellschaft

GRIN Verlag

Bibliografische Information der Deutschen Nationalbibliothek:

Die Deutsche Bibliothek verzeichnet diese Publikation in der Deutschen National-
bibliografie; detaillierte bibliografische Daten sind im Internet über http://dnb.d-
nb.de/ abrufbar.

Impressum:

Copyright © 2000 GRIN Verlag GmbH
Druck und Bindung: Books on Demand GmbH, Norderstedt Germany
ISBN: 978-3-638-93541-8

Dieses Buch bei GRIN:

http://www.grin.com/de/e-book/40800/religionsunterricht-in-der-pluralen-gesell-
schaft

GRIN - Your knowledge has value

Der GRIN Verlag publiziert seit 1998 wissenschaftliche Arbeiten von Studenten, Hochschullehrern und anderen Akademikern als eBook und gedrucktes Buch. Die Verlagswebsite www.grin.com ist die ideale Plattform zur Veröffentlichung von Hausarbeiten, Abschlussarbeiten, wissenschaftlichen Aufsätzen, Dissertationen und Fachbüchern.

Besuchen Sie uns im Internet:

http://www.grin.com/

http://www.facebook.com/grincom

http://www.twitter.com/grin_com

RELIGIONSUNTERRICHT IN DER PLURALEN GESELLSCHAFT

Referat zum Onlineseminar „Bildung in pluraler Gesellschaft"
(Mitte Mai - Mitte Juli 2000)

angefertigt im
Nebenfach Erziehungswissenschaft/Grundstudium
von

Sabine Pfisterer

Themenstellung am 30.5.2000
Vorgelegt am 20.6.2000

GLIEDERUNG

1 EINLEITUNG

1.1 DEFINITIONEN

In diesem Referat möchte ich mich mit Religionsunterricht in der pluralen Gesellschaft beschäftigen. Mit „Religionsunterricht" meine ich den schulischen Religionsunterricht (RU) in staatlichen Pflichtschulen. Da er im Rahmen des normalen Unterrichts erteilt wird und „ordentliches Lehrfach" ist, stellen seine Inhalte, seine Legitimation und seine bloße Existenz kontrovers diskutierte und für die schulische Bildung relevante Themen dar. Privater oder kirchlicher RU auf freiwilliger Basis dagegen zählt nicht zur staatlich verantworteten Bildung und soll hier nicht besprochen werden.

„Plural" bedeutet zunächst auf lateinisch einfach „Mehrzahl", eine plurale ist also eine „mehrfache", vielfache Gesellschaft. Vielfach kann eine Gesellschaft in vieler Hinsicht sein: Laut Brockhaus-Enzyklopädie (1992, S. 257) ist eine pluralistische Gesellschaft „eine Gesellschaft, in der viele von unterschiedlichen Interessen, Verhaltensnormen und Wertvorstellungen bestimmte Gruppen miteinander konkurrieren und um gesellschaftlichen und politischen Einfluss kämpfen. Die p. G. ist gekennzeichnet durch die Vielgestaltigkeit und Komplexität ihres gesellschaftlichen und politischen Lebens. (...)". Eine plurale Gesellschaft ist also nicht homogen, sie kann aus ethnisch, sprachlich, politisch und auch weltanschaulich sehr verschiedenen Gruppen bestehen.

Sinnvollerweise möchte ich mich hier auf die momentane bundesdeutsche Gesellschaft beschränken, einerseits, um das Thema besser einzugrenzen, andererseits, weil in der BRD ein besonderes Verhältnis von Kirche und Staat besteht, so dass sich die Situation nicht ohne weiteres auf andere Gesellschaften übertragen lässt.

1.2 ALLGEMEINES

Unsere Gesellschaft ist faktisch nicht nur multikulturell sondern auch multireligiös. Religiöse Pluralität im ehemals „christlichen Abendland" entstand und entsteht einerseits durch Arbeitsmigration und Einwanderung, andererseits durch einen fortschreitenden Säkularisierungsprozess (Knauth, 1996, S. 52). Viele früher als Gastarbeiter angeworbene Menschen sind islamischen Glaubens, Aussiedler oft jüdisch oder griechisch-orthodox, weitere religiöse Vielfalt entsteht durch Kriegsflüchtlinge und Asylbewerber. Dazu häufen sich die Kirchenaustritte, viele Jugendliche werden nicht mehr religiös erzogen.

Zur Verdeutlichung möchte ich aus der 12. Shell Jugendstudie (Münchmeier, 1997) zitieren: Die befragten Jugendlichen zeigten sowohl zu Umwelt- und Menschenrechtsgruppen, Gerichten und der Polizei als auch zu Zeitungen, Gewerkschaften und dem Fernsehen mehr

Vertrauen als zu den Kirchen, die auf dem vorletzten Platz landeten; in Ostdeutschland wurden sie auf der geringsten Vertrauensebene platziert.

Nach der 13. Shell-Jugendstudie (Fuchs-Heinritz, 2000) sind 33% der Befragten katholisch, 33% evangelisch, 6% islamisch, 3% anderen Glaubens und 25% ohne Religionszugehörigkeit. Insgesamt gehört also ein Drittel nicht zu den beiden Konfessionen, die RU erteilen. In den neuen Bundesländern beträgt der Anteil der Konfessionslosen sogar 80%.

Schon die Religionszugehörigkeit bzw. -nichtzugehörigkeit ist also keineswegs homogen, doch selbst die formal katholischen oder evangelischen Jugendlichen sind offensichtlich nicht sehr stark mit ihrem Glauben verbunden: Insgesamt nur ein knappes Drittel der Befragten betet und glaubt an ein Weiterleben nach dem Tod, 1/6 besucht den Gottesdienst, 79% lesen nie in der Bibel. Die Selbstdefinition „Ich bin nicht religiös" bezeichneten 25% als sehr zutreffend, 27% als zutreffend, 31% als weniger zutreffend und 17% als überhaupt nicht zutreffend.

Ob man dies nun als zu behebenden Mangel betrachtet oder die Zahlen einfach zur Kenntnis nimmt: Angesichts eines christlich-konfessionell erteilten RU stellt sich die Frage, ob dieser der geschilderten religiösen Pluralität gerecht werden kann oder ob er zur Ausgrenzung bestimmter Gruppen beiträgt. Nach einer kurzen Schilderung der rechtlichen Situation möchte ich auf diese Frage eingehen und mehrere Lösungsvorschläge mit ihren Möglichkeiten und Einschränkungen vorstellen.

Doyé (1996, S. 133) bemerkt zwar zu Recht, dass der RU nur einer von vielen möglichen Konfliktpunkten ist, die in einer Schule mit multireligiöser Schülerschaft auftreten können (z.B. die Teilnahme muslimischer Mädchen am Schwimm- und Sportunterricht oder das Tragen eines Kopftuchs an französischen Schulen). Der RU nimmt jedoch meiner Meinung nach eine besondere Position ein, weil er ein möglicherweise ausgrenzendes *Lehrfach* darstellt und nicht ein generelles, fachspezifisches Problem.

2 RECHTLICHE GRUNDLAGEN
2.1 BESTIMMUNGEN IM GRUNDGESETZ

Um die Problematik verständlicher zu machen, möchte ich kurz die rechtliche Position des RU beschreiben, die vom allgemeinen Verhältnis von Kirche und Staat abhängt.

Grundsätzlich besteht in der BRD eine Trennung von Staat und Kirche (GG Art.137.1: „Es besteht keine Staatskirche.") wie auch z.B. in den USA (1. Amendment: „(...) Neither can pass laws which aid one religion, aid all religions or prefer one religion over another (...)", zit. nach Keim, 1967, S. 18). An die allgemeinen Gesetze sind auch die Kirchen gebunden (WRV

Art.137.3). Niemand darf wegen seines Glaubens oder seiner Weltanschauung benachteiligt werden (GG Art. 3.3), die Freiheit des „religiösen und weltanschaulichen Bekenntnisses" ist „unverletzlich" (GG Art. 4.1), wobei die „ungestörte Religionsausübung" gewährleistet wird (GG Art. 4.2). Diese Grundrechte dürfen keinesfalls in ihrem „Wesensgehalt angetastet werden" (GG Art. 19.2). Dies bedeutet, dass der Glauben, aber auch nichtreligiöse Überzeugungen geschützt werden, dass der Staat den Inhalt einer Überzeugung nicht bewertet und dass niemandem rechtliche Nachteile aufgrund seiner Überzeugung entstehen dürfen - der Glaube muss irrelevant für staatliche Entscheidungen sein.

Anders als in den USA oder in Frankreich wird diese staatliche Neutralität durch den RU durchbrochen: Er ist „ordentliches Lehrfach" und wird „in Übereinstimmung mit den Grundsätzen der Religionsgemeinschaften erteilt" (GG Art. 7.3). Das heißt, dass der Staat zur Erteilung von RU verpflichtet ist, die Schulträger übernehmen die Kosten und müssen Einrichtungen und Lehrkräfte bereitstellen. Der Inhalt des RU wird zwar von den Konfessionen bestimmt, er unterliegt aber der staatlichen Aufsicht und Kontrolle (Keim, 1976, S. 112ff). Zu dieser merkwürdigen Vermischung von staatlich-neutralen und religiösen Anliegen kommt noch hinzu, dass der Besuch des *Pflicht*faches Religion nicht *obligatorisch* ist: Die Erziehungsberechtigten bestimmen über die Teilnahme am RU (GG Art. 7.2) bis zur Religionsmündigkeit des Kindes mit 14 Jahren. Bei Nichtteilnahme am RU besteht eine Pflicht zum Besuch des Ersatzfaches Ethik.

2.1 BEISPIEL KRUZIFIX- UND KOPFTUCHSTREIT

Es leuchtet ein, dass dieses ungeklärte und teilweise widersprüc hliche Verhältnis Konflikte verursachen kann. Das Bundesverfassungsgericht entschied 1995, dass die *staatlich angeordnete* Anbringung eines Kruzifixes in einer staatlichen Pflichtschule grundgesetzwidrig ist, weil sie gegen Art. 4.1 (Glaubensfreiheit) verstößt. Das Kruzifix ist in der Schule jedoch nicht generell verboten, nur das Gesetz, das es vorschreibt. Also darf ein religiöses Symbol durchaus in einer staatlichen (und somit weltanschaulich neutralen) Einrichtung aufgehängt werden (zit. nach ARD-Ratgeber Recht, 2000).

Dagegen wies das Verwaltungsgericht Stuttgart die Klage einer muslimischen Lehrerin ab, die nicht in den Staatsdienst übernommen wurde, weil sie im Unterricht ein Kopftuch tragen wollte. Argumentiert wurde, dass das Kopftuch eine religiöse Demonstration darstelle und dadurch die Neutralitätspflicht des Lehrers und die Religionsfreiheit der SchülerInnen verletze (Der Spiegel, 12/2000). Verglichen mit dem vorigen Urteil scheint hier eine Ungleichbehandlung religiöser Symbole stattzufinden, zudem wäre dann auch christliche

Ordenskleidung in der Schule unzulässig. Die baden-württembergische Kultusministerin Schavan betrachtet dagegen das Kopftuch im Gegensatz zum Kreuz auch als ein Signal kultureller und zivilisatorischer Abgrenzung und rechtfertigt damit die Ablehnung der Lehrerin (Die Zeit, 30/1998).

Deutlich wird jedenfalls, dass die unvollständige staatliche Neutralität in der Schule verbunden mit religiöser Pluralität konfliktträchtig sein kann. Vor diesem Hintergrund möchte ich mich jetzt dem RU und seiner möglichen Ausgrenzungswirkung zuwenden.

3 RELIGIONSUNTERRICHT IN DER PLURALEN GESELLSCHAFT

3.1 WIRKT RELIGIONSUNTERRICHT FORMAL AUSGRENZEND?

3.1.1 ERSATZFACH ETHIK UND ABMELDEPRAXIS

Der Ethikunterricht ist dem RU formal keineswegs gleichgestellt: Pflichtfach ist Religion, Ethik ist nur ein *Ersatz*pflichtfach. Wenn an einer Schule kein RU angeboten wird, darf auch kein Ethikunterricht erteilt werden, d.h. RU ist als „erste Wahl" zu betrachten. Ein strukturelles und logisches Problem besteht jedoch darin, dass, wenn der RU freiwillig ist, auch der Ersatz nur freiwillig sein kann (Kahl, 2000, S. 19) Dennoch entschied das Bundesverwaltungsgericht 1998, dass ein Ersatzpflichtfach Ethik zulässig ist, damit „alle Schüler in vergleichbarer Weise erzogen würden" (zit. nach ARD Ratgeber Recht, 2000).

Festzuhalten bleibt: Es besteht keine freie Wahl zwischen Religion und Ethik, Ethik hat die untergeordnete Position eines Ersatzes für diejenigen, die nicht am „normalen" Pflichtfach Religion teilnehmen. Die sozioreligiösen Rahmenbedingungen, aus denen GG Art. 7.3 hervorging (im Jahr 1949), waren vielleicht derart, dass Alternativen zum RU nicht nachgefragt wurden, heute besteht jedoch religiöse Pluralität (Bucher, 1996, S. 10), wie wir auch anfangs gesehen haben.

Zudem kann Religion in der gymnasialen Oberstufe als Leistungskurs gewählt werden, für Ethik gibt es diese Möglichkeit zumindest in Baden-Württemberg nicht. Dies stellt für nichtchristliche SchülerInnen eine formal-rechtliche Benachteiligung und Einschränkung der Wahlmöglichkeiten dar, die es laut GG Art. 3.3 eigentlich gar nicht geben dürfte. Allerdings soll in der modifizierten Oberstufe, die Baden-Württemberg einführen will, Ethik ebenso wie Religion als Profil- oder Neigungsfach wählbar sein (telefonische Auskunft des Kultusministeriums vom 7.6.2000).

Link (1976, S. 28) sieht durch die Abmeldemöglichkeit die Chancengleichheit nicht verletzt, da niemand zur Teilnahme am RU gezwungen sei. Allerdings wird durch diese Regelung wieder demonstriert, dass Religion das „Normale" und Ethik die Ausnahme ist. Die

Formulierung im GG ist zwar offen (Art. 7.3 „Die Erziehungsberechtigten haben das Recht, über die Teilnahme (...) am RU zu bestimmen"), doch aus praktischen Gründen und da Religion im Gegensatz zu Ethik ein „ordentliches Lehrfach" ist, wird meist die *Ab*meldepraxis gehandhabt (Keim, 1976, S. 146f). Rechtliche Gleichstellung würde eine *An*meldung oder eine grundsätzliche Wahl zwischen beiden Fächern bedeuten. In der Praxis sieht die Abmeldung vermutlich unterschiedlich aus. Ich musste z. B. nicht nur eine formale Mitteilung machen, sondern in einem persönlichen Gespräch mit dem Direktor die „Glaubens- und Gewissensgründe" darlegen, warum ich nicht mehr am RU teilnehmen wollte.

3.1.2 DER „NORMALE" SCHÜLER

RU ist für die „Normalen", Ethik für die „Unnormalen", ließe sich als Fazit der rechtlichen Position des Ethikunterrichts ziehen. Dies stimmt mit dem Bild des „normalen" Schülers überein, das Wenning, Hauff und Hansen (1993, S. 55) skizzieren: U.a. entstammt er einer Mittelschichtsfamilie, spricht hochdeutsch, ist männlich, heterosexuell, gesund und christlich. Normal wird hier als „einer Norm entsprechend" verwendet, nicht, weil diese Merkmale auf eine Mehrheit zutreffen würden. Tatsächlich gibt es kaum Jugendliche, die alle diese Kriterien erfüllen können und doch ist das Schulsystem weitgehend auf dieses „Idealbild" ausgerichtet. Dem „Normschüler" hinzuzufügen wäre vielleicht noch, dass er nicht deutsch, sondern westdeutsch ist: Wie anfangs berichtet, gehören in den neuen Ländern 80% der SchülerInnen keiner Konfession an.

Die Existenz des „Unnormalen" wird nicht wahrgenommen oder als Ausnahmeerscheinung abgetan. Die fiktive Homogenität verursacht Abgrenzung gegenüber „den anderen", Pluralität wird als Störung begriffen (Wenning, Hauff & Hansen, 1993, S. 56). Zudem ist für die Bildung einer „Wir-Gruppe" die Ausgrenzung einer Fremdgruppe nötig (Hauff, 1992, S. 56, S. 33). Im Zusammenhang mit dem RU lässt sich also sagen, dass er eine hervorgehobene Stellung besitzt, weil er vom Normbild eines Schülers abgeleitet ist. Nichtchristen gelten als „unnormal" und werden in der Schule entsprechend behandelt, obwohl sie bei weitem keine seltene Ausnahme mehr sind. Unsere Gesellschaft hält anscheinend an ihrem unrealistischen Selbstbild als „christliche Wir-Gruppe" fest und grenzt damit automatisch Anders- und Nichtgläubige aus.

„Discriminare" (lat.) bedeutet „trennen, unterscheiden", es wird unterschieden zwischen normal und unnormal, richtig und falsch. Diskriminierung von „unnormalen" Gruppen kann direkt geschehen durch die Anwendung verschiedener Regeln, z.B. beim Wahlrecht, sowie indirekt durch die Anwendung von gleichen Regeln, die aber ungleiche Chancen auf

Erfüllung haben (Feagin & Feagin, 1986, zit. nach Bommes & Radtke, 1993, S. 490). Einerseits liegt beim RU direkte Diskriminierung vor, da der Ethikunterricht nicht gleichberechtigt neben ihm steht, es werden also verschiedene Regeln angewandt. Andererseits wird für alle Schüler das gleiche Normbild benutzt, RU ist der Standard: Dies entspricht indirekter Diskriminierung.

Muslimische SchülerInnen sind dann sogar von einer doppelten Ausgrenzung betroffen: Meist gehören sie einer nicht der Norm entsprechenden Ethnie an und zusätzlich einer „unnormalen" Religion.

3.2 WIRKT RELIGIONSUNTERRICHT INHALTLICH AUSGRENZEND?

3.2.1 WIR-IDENTITÄTEN

Ethikunterricht wird als Alternative oft erst ab Klasse 8 angeboten, außerdem besuchen anders- und nichtgläubige Kinder den RU teilweise, um nicht „anders" zu sein als die anderen. Wird der RU dieser Pluralität gerecht ?

Was über die formale Ausgrenzung durch die Bildung bestimmter Wir-Identitäten gesagt wurde, gilt natürlich auch für Inhalte. „Steht ein bestimmtes Bekenntnis von vornherein im Mittelpunkt des Unterrichts, so besteht trotz aller Offenheit im übrigen die Gefahr, dass die Freiheit der Glaubensbildung partiell beeinträchtigt und der Schüler doch wieder teilweise in seinen Entscheidungen vorprogrammiert wird." (Ehlers, 1975, S. 27). Die nichtchristlichen SchülerInnen merken vielleicht gerade besonders, wenn ihre eigene Religion im RU thematisiert wird, dass sie als das „Andere, Fremde" von einem vorgegebenen Standpunkt aus betrachtet und beurteilt werden. Darauf weist auch das folgende Zitat hin:

„Also meine türkischen Schüler und Schülerinnen wehren sich zum Beispiel gegen interkulturelle Ansätze, die dann z.B. wieder sagen: Forschen wir mal nach der Bedeutung der Erziehung in der türkischen Familie. Das lehnen sie ab, weil sie sagen: Wir leben in Deutschland. Ich bin in einer deutschen Klasse, und ich weiß gar nicht, warum ich das jetzt problematisieren soll. Das ist für sie im Bewusstsein auch ein Stück Integration, dass sie sagen, ich will nicht diese Sonderrolle haben, dass gesagt wird: ach, bei Euch ist das alles ganz anders." (L/2/m, aus einer Befragung der Kl. 9 einer Hamburger Gesamtschule, die an einem konzipierten Lernbereich Ethik-Religion teilnahm, zit. nach Knauth, 1996, S. 118).

Diese Sonderrolle entspricht wieder dem indirekten Diskriminieren: Der gleiche Unterrichtsstoff wird allen als „das Andere" präsentiert ohne Rücksicht darauf, dass manche zu diesem „Anderen" gehören.

3.2.2 ZIELE DES RELIGIONSUNTERRICHTS

Die Behandlung anderer Religionen und Anschauungen, wenn sie, wie üblich, schon von einem bestimmten Standpunkt aus vorgenommen wird, trägt also eher zur Ausgrenzung als zur Integration bei. Können vielleicht andere Inhalte des RU als gemeinsame Basis dienen?

Die ReligionslehrerInnen selbst wollen zu 100% erreichen, dass die SchülerInnen einen Sinn im Leben finden, zu 91-99%, dass sie religiöse Toleranz und Sensibilität für die Schöpfung entwickeln und sich für Schwächere einsetzen. Ein ebenso großer Anteil bezweckt aber auch, dass die Schüler ihr Leben ausdrücklich christlich planen und bewältigen, Kenntnis der Hl. Schrift erwerben, in der Pfarrei beheimatet sind, 65% möchten erreichen, dass ein regelmäßiger Gottesdienstbesuch stattfindet (zit. nach Bucher, 1996, S. 129f). Neben konsensfähigen Zielen, die nicht spezifisch christlich sind, stehen also klare religiöse Prioritäten.

Laut Link (1976, S. 36) gibt es zwei Begründungslinien für den RU in der Schule: Die eine leitet sich vom Verkündigungsauftrag her: Der RU wird hauptsächlich um das Heil des Schülers willen veranstaltet. Die andere betont den Bildungsauftrag der Schule, die Traditionen vermitteln und existenzielle Fragen aufwerfen soll.

Hemel (1988 - etwas aktueller als Link) betrachtet als Ziele des RU u.a. (bezogen auf die deutsche katholische Religionspädagogik): Die Anbahnung und Förderung von religiöser Identifikation, die Überlieferung religiöser Traditionen, die Weitergabe des Glaubens sowie die Hinführung, Einübung und Einweisung (S. 544, 583, 587). Er weist auch auf einen Synodenbeschluss von 1974 hin (S. 612ff), der als allgemeine Ziele des RU z.B. die Beantwortung von Sinnfragen aus der Offenbarung der Kirche heraus, die Motivierung zu religiösem Leben und die Förderung von Verständnis für die Glaubensentscheidung anderer nennt. Hemel referiert auch folgende Richtziele für den RU an bayrischen Gymnasien (S. 616 ff): Die Unter- und Mittelstufe sind geprägt von religiösen Inhalten (religiöse Kenntnisse erwerben, Gott annehmen, offen sein für Glauben und kirchliches Engagement, usw.). Erst in der Oberstufe findet eine Auseinandersetzung mit menschlichen Grundfragen aus der Sicht des Christentums und anderer Weltreligionen statt. Im Leistungskurs soll die „existenzielle Bedeutung des christlichen Gottesglaubens" (S. 630) anerkannt werden.

Wie die Beispiele zeigten, werden weitgehend religiöse Inhalte vermittelt und nicht ethische Grundsätze, die auch Anders- und Nichtgläubige akzeptieren könnten; die Beschäftigung mit anderen Anschauungen ist eher dürftig, abgesehen vom ausgrenzenden Betrachterstandpunkt (s. Abschnitt 3.2.1). Die Vermittlung von Glaubenssätzen und -inhalten ist jedoch das gute Recht des RU, da nach GG Art. 7.3 die Religionsgemeinschaften die Inhalte selbst bestimmen dürfen. Und da niemand am RU teilnehmen *muss*, ließe sich argumentieren, dass der RU nicht inhaltlich ausgrenzt.

Es sollte aber nicht übersehen werden, was die SchülerInnen, die ihrer Konfession entsprechend den RU besuchen, dort lernen: Andere Anschauungen sind marginal, „unsere Religion ist die richtige, normale". Ohne „die Anderen" kann sich die „normale" Mehrheit nicht als solche betrachten (Hauff, 1992, S. 35). Ob SchülerInnen sich nun durch den RU ausgegrenzt fühlen oder ob sie dort lernen, dass andere nicht „dazugehören": Das Ergebnis ist Ausgrenzung. Gelernt wird vielleicht auch - wenn die Schule es vormacht - dass man trotz anderslautender Absichten andere Menschen diskriminieren kann (ebd., S. 125).

4 LÖSUNGSVORSCHLÄGE

Der RU wirkt durch seine bloße Existenz im Vergleich zum Ersatzfach Ethik ausgrenzend, da er als das „Normale" gilt und auch vom Bild des Normschülers abgeleitet wird. Wenn andere Anschauungen behandelt werden, wird dies von einem bestimmten Standpunkt aus getan; die Betrachtung des „Anderen" gegenüber „unserer Religion" und auch weitere Inhalte des RU tragen zur Konstruktion bestimmter Wir-Gruppen und dadurch zur Ab- und Ausgrenzung bei. Wie lässt sich dieses Dilemma lösen?

4.1 INTERRELIGIÖSES LERNEN

Bröking-Bortfeldt (1994) sieht in der Abschottung des RU eine vertane Lernchance und unnötige Einengung des Horizonts: Dagegen soll eine Umgestaltung des RU helfen, die den interkonfessionellen Dialog und den Dialog mit anderen Kulturen und Religionen umfasst. Doyé (1996, S. 135) nennt als positives Beispiel das interreligiös ausgerichtete Cravenwood, eine Grundschule in Manchester: Dort werden z.B. Ausstellungen und Materialien ebenso zu islamischen wie zu christlichen Festen erstellt. Er befürwortet eine „religiöse Alphabetisierung", die alle miteinbeziehen soll (S. 143); Basis ist die Annahme, dass jede Lebenswirklichkeit religiöse Aspekte enthält.

Schreiner (1996, S. 148f) berichtet von dem überkonfessionell gestalteten britischen Fach „Religious Education", dessen Lehrplan die jeweilige kommunale Erziehungsbehörde erstellt. Als weiteres Modell beschreibt er eine Basisschule im niederländischen Ede (S. 149, 158), an der christlicher und islamischer RU erteilt wird, wobei die Lehrpläne aufeinander abgestimmt sind, so dass getrennte und gemeinsame Phasen stattfinden können.

Generell werden beim interreligiösen Ansatz Themen praktischer und authentischer behandelt, andere Glaubensrichtungen werden besser dargestellt und es wird mehr zwischen den bisher pauschalisierten Weltreligionen differenziert (Tworuschka, 1994a, zit. nach Schneider, 1996, S. 151).

Knauth (1996, S. 30) ist der Meinung, dass überkonfessionelle Modelle angesichts der wesentlich weiter gefächerten religiösen Vielfalt schon überholt sind, er befürchtet zudem, dass das interreligiöse Lernen durch ideologische Gleichmacherei reale Unterschiede verdecken könnte (S. 41). Die anderen durch den RU verursachten Probleme werden zwar verbessert, aber nicht behoben. Andere Religionen werden nur einbezogen, gleichberechtigt sind sie nicht, denn es ist trotz allem „selbstverständlich (...), dass das Christentum im Lehrplan die Hauptrolle spielt (...)" (Lehrplan in Manchester, zit. nach Schneider, 1996, S. 157). Die ausgrenzenden Wir-Identitäten werden also grundsätzlich beibehalten. Das Modell in Ede bedeutet eine Verbesserung für *muslimische* SchülerInnen, doch andere kleinere Glaubensgemeinschaften bleiben weiterhin ausgegrenzt, ganz zu schweigen von areligiösen Jugendlichen, deren Ausrichtung bei Konzepten wie der „religiösen Alphabetisierung" nicht berücksichtigt wird. Zudem ist fraglich, ob etwa das niederländische Prinzip auf die rechtliche Situation in der BRD übertragen werden kann (s. Abschnitt 4.2).

4.2 ISLAMISCHER RELIGIONSUNTERRICHT

In der BRD gibt es mittlerweile ½ Million muslimische SchülerInnen (Siegele, 1990, S. 7), für die christlicher RU kein Ersatz sein kann.

„Wenn ich Religion höre, denke ich an Kirche, deutsche Geschichte (Adam und Eva) und vieles mehr. Ich weiß nicht genau, was ich von Religion halten soll. Ich bin Ausländerin und interessiere mich mehr für meine türkische Religion. Ich steigere mich zwar nicht richtig rein, aber bei der deutschen Religion fühle ich mich fremd." (1/21/w/e, zit. nach Knauth, 1996, S. 86)

Religiöse Inhalte werden sonst nur im muttersprachlichen Unterricht thematisiert - nicht vergleichbar mit RU. Nach GG Art. 4.1 (Glaubensfreiheit) und Art. 6.2 (Erziehungsrecht der Eltern) müsste der Staat auch anderen *Religionsgemeinschaften* als den christlichen erlauben, RU zu erteilen. Doch damit beginnen schon die Schwierigkeiten: Der neutrale Staat darf die Inhalte des RU nicht bestimmen, da aber der Islam traditionell keine institutionalisierte Religion ist, bildet er keine Religionsgemeinschaft, die Inhalte und Glaubensaussagen festlegen und als Ansprechpartner dienen könnte (ebd. S. 24). Siegele nennt mehrere mögliche Konzeptionen eines islamischen RU (S. 26ff), so die traditionalistische, die auf der absoluten Autorität des Koran beruht, die nationalistische, die vom türkischen Erziehungsministerium konzipiert wird, und die modernistische, die eine neue Identität für

11

Muslime in europäischen Industriegesellschaften entwickeln will. Der erste und letzte Vorschlag entsprechen laut Siegele nicht den Interessen der meisten hier lebenden Muslime, der zweite ist nur auf türkischstämmige Muslime bezogen und vernachlässigt andere Gruppen.

Da diese Probleme wohl nicht allzu bald geklärt werden, haben manche Bundesländer inzwischen Übergangsregelungen eingeführt; so gibt es in NRW „Religiöse Unterweisung für Schüler islamischen Glaubens" (ebd., S. 39ff). Einerseits hatten Eltern ihr Interesse bekundet, andererseits sollten so die Inhalte im Gegensatz zum muttersprachlichen Unterricht kontrollierbar sein. Der Unterricht will mit Hilfe islamischer Traditionen Orientierungen aufzeigen, einen Beitrag zum Zusammenleben leisten und helfen, eine islamische Identität zu entwickeln. In Hamburg wurde ebenfalls eine Art islamischer Unterricht eingeführt (ebd., S. 50ff), der den Jugendlichen eine Zerreißprobe zwischen den Kulturen ersparen und so zu ihrer Integration beitragen sollte; dadurch sollten sie auch dem Einfluss der Koranschulen entzogen werden.

Kritisiert wurde an diesen Versuchen, dass kein ausgewogenes Aufeinanderzugehen stattfindet, nur die Muslime lernen etwas über die „Gegenseite". Zudem befürchten die Kirchen eine Einschränkung ihrer Autorität, und Ministerialdirigent Elser (1995, S.103) vom baden-württembergischen Kultusministerium sieht islamischen RU unvereinbar mit Art. 12 der Landesverfassung, nach der „im Geiste christlicher Nächstenliebe" erzogen werden soll. (Fraglich ist hier allerdings eher die Vereinbarkeit der Landesverfassung mit dem GG - staatliche Neutralität).

Als Problem wird auch immer wieder angesprochen, dass die islamische Scharia einen Totalanspruch habe, der religionsneutrale Staaten und das GG nicht akzeptiere (Skobowsky, 1995, S. 23). Allerdings kann auch die Bibel grundgesetzwidrige Inhalte enthalten (Siegele, 1990, S. 25); warum der islamische Lehrstoff nicht einfach wie jeder normale Lehrplan auf Verfassungstreue geprüft werden könnte, ist nicht verständlich.

Grundsätzlichere Schwierigkeiten ergeben sich daraus, dass mit der Einführung von islamischem RU nur *eine* Anschauung dem Christentum gleichgestellt würde, wobei auch hier noch zwischen verschiedenen Richtungen wie Sunniten und Schiiten unterschieden werden müsste - evangelischer und katholischer Unterricht findet ja auch nicht gemeinsam statt. Damit wäre zwar eine große Gruppe gleichgestellt, das Grundrecht der Religionsfreiheit kann jedoch nicht nur für Mehrheiten gelten. Andere religiöse und weltanschauliche Gemeinschaften könnten ebenfalls Ansprüche geltend machen (GG Art. 137.7 „Den Religionsgemeinschaften werden die Vereinigungen gleichgestellt, die sich die gemeinschaftliche Pflege einer Weltanschauung zur Aufgabe machen.")․ So bekam der Humanistische Verband Dt. in Berlin das Recht zugesprochen, Lebenskundeunterricht zu erteilen, den mittlerweile 20.500 SchülerInnen besuchen - im Vergleich zu 17.500 Teilnehmern am katholischen RU - (Neumann, 2000, S. 60). Wenn tatsächlich mehrere Gemeinschaften Unterricht erteilen würden, entständen zahlreiche Probleme u.a. durch Lehr- und Stundenpläne, Vergleichbarkeit, Versetzungsrelevanz, Lehrerqualifikationen und möglicherweise gegenseitige Intoleranz.

Zwei weitere wichtige Kritikpunkte zur Ergänzung: Kahl (2000, S. 16) hält die Einführung von islamischem RU für nur scheinbar tolerant, weil dadurch eine weitere „Aufsplitterung und falsche Gruppenbildung in der Schule" entstehe.

Es wäre zudem falsch, allen muslimischen SchülerInnen ein Interesse an islamischem RU zu unterstellen: Von den Befragten der Shell Studie 2000 beteten 41% den Koran sehr oft oder oft, 59% dagegen selten oder nie. Nach Untersuchungen von 1980 (zit. nach Popp & Tillmann, 1996, S. 76) waren 40-50% der in der BRD lebenden Türken keine praktizierenden Muslime, eine tendenzielle Rückbesinnung wurde jedoch festgestellt.

4.3 EIN GEMEINSAMES PFLICHTFACH FÜR ALLE

Eine weitere Möglichkeit stellt die Einführung eines gemeinsamen Pflichtfaches dar, wie auch immer es genannt wird. „Religionskunde" bedeutet einen informierenden Unterricht, der auf der Parität religiöser Anschauungen basiert. Werden auch nichtreligiöse Positionen z.B. philosophische miteinbezogen, ist von „Weltanschauungskunde" die Rede (Ehlers, 1975, S. 6). In Bremen besteht eine besondere Rechtslage, dort wird ein „bekenntnismäßig nicht gebundener Unterricht in Biblischer Geschichte" erteilt; kirchlicher Unterricht findet, wenn gewünscht, außerhalb der Schulzeit statt. (Neumann, 2000, S. 50). Es existieren noch andere Versuche wie das Fach LER in Brandenburg oder ein Lernbereichsmodell Religion-Ethik an einer Hamburger Gesamtschule, das von Knauth (1996) untersucht wurde. Von den befragten SchülerInnen wurde dabei die größere Offenheit im Fach Ethik, die Thematisierung verschiedener Anschauungen und die Unparteilichkeit positiv hervorgehoben:

„Bei Religion stört mich, dass man von etwas Festem (z.B. Bibel) ausgeht, während man bei Ethik eher selber etwas erarbeiten kann."(1/55/w/e, S. 81)

"Ich interessiere mich noch immer nicht für das Christentum. Ich finde aber, dass jeder über die grundsätzlichen Regeln in den verschiedenen Religionen Bescheid wissen sollte, um die Christen, Moslems usw. in ihren Handlungen zu verstehen."(3/9/m/e, S. 105)

„Gegen das Fach Religion habe ich prinzipiell nichts einzuwenden, solange es tolerant und unparteiisch behandelt wird - wie der Buddhismus. Über das Christentum würde ich theoretisch auch schreiben - ich bin Atheist - solange es objektiv bleibt und nicht versucht, das Christentum als gut darzustellen, (...)."(3/94/m/r, S. 106)

„Ich interessiere mich für Ethik, weil man sich da nicht nur mit den Christentum beschäftigt, weil mich persönlich das Christentum überhaupt nicht anspricht. (...) Ich finde durchaus, dass z.B. der Buddhismus ungezwungener ist. Der zwingt die Leute nicht zu der Religion. Jeder kann frei wählen, ob er Buddhist werden will oder nicht, man wird nicht gezwungen, man wird nicht „christianisiert", wie man das früher nannte. Diese Freiheit, dass man andere Religionen, Alternativen kennenlernen kann, finde ich gut."(2/9/m/r, s. 83)

Doch auch der Religionsbereich profitierte von dem Projekt:

„Ich hätte nie Religion gewählt, weil ich weder in der Kirche bin noch mich dafür interessiere. Jetzt glaube ich allerdings, dass es ganz interessante Themen im Religionsunterricht gibt." (3/114/m/e, S. 104)

Hemel (1986, S. 432) befürchtet, dass dieser „Überfluss an Weltdeutungsmodellen" die Geltung von Werten relativieren und so eine religiöse oder weltanschauliche Erziehung behindern könnte, weil sie gerade eine bestimmte als richtig erkannte Ordnung vermitteln will. Aus pädagogischer Sicht könnte man diese Situation aber auch als Stärkung der Mündigkeit und Eigenverantwortung der SchülerInnen betrachten.

Der Vorwurf des Verzichts auf Normen- und Wertevermittlung trifft zumindest auf das Ersatzfach Ethik nicht zu: Als Hauptziele des Unterrichts werden in den hessischen Rahmenrichtlinien (1982) die allgemeine Persönlichkeitsentfaltung, die Bildung zur sittlichen Persönlichkeit und das Handeln nach ethischen Grundsätzen genannt, wobei die weltanschauliche Neutralität des Faches und die Glaubens- und Gewissensfreiheit gewahrt bleiben sollen. In der hessischen gymnasialen Oberstufe (1985) wird ebenfalls Verständnis für Wertvorstellungen geweckt, Zugang zu ethisch-philosophisch-religionskundlichen Fragen geschaffen und der Sinn des Lebens aus der Sicht verschiedener Anschauungen thematisiert. Auch in der Grundschule und der Sekundarstufe I (Kultusministerium Rheinland-Pfalz, 1985, 1986) sind Verantwortung, eine sinnvolle Lebensplanung und die Entwicklung eines eigenen Wertebewusstseins die Lehrinhalte. Über verschiedene Religionen und Menschenbilder wird informiert, wobei das Christentum keine hervorgehobene Stellung einnimmt (Lehrplan Baden-Württemberg, 1986, Kl. 11: Buddhismus und Hinduismus, Kl. 12: Judentum und Christentum, zit. nach Ministerium für Kultus und Sport Ba.-Wü.).

Problematisch könnte die erwünschte Neutralität des Lehrenden sein, da die eigene Überzeugung Denken, Sprache und Auftreten prägt und somit nicht „ausschaltbar" ist (Hess. Rahmenrichtlinien, S. 76f). Der Lehrer sollte sich deshalb als „Anwalt der Pluralität der Auffassungen, Anwalt des ethischen Mindestkonsens" verstehen. Die Korrektur möglicherweise einseitiger oder fehlerhafter Darstellungen könnte auch durch Repräsentanten verschiedener Anschauungen erfolgen, die in den Unterricht eingeladen werden (Kahl, 2000, S. 20).

Vorteilhaft an einem gemeinsamen Fach wäre auch die Aufhebung der trennenden Wir-Identitäten, die zu Ausgrenzung führen. Die bestehenden Wir-Identitäten können in neue, übergreifende und sinnvoll gewählte Wir-Identitäten eingebettet und so relativiert werden (Nieke, 1994, S. 44f), d.h. es gäbe nicht mehr die Trennung von „normalen" und „unnormalen" SchülerInnen. Damit eine gemeinsame Identität entsteht, sind laut Struck (1989, S. 77, zit. nach Hauff, 1992, S. 93f) längerer Kontakt, ein gemeinsamer Sozialstatus, gemeinsame Ziele und eine Situation ohne Konkurrenz der Gruppen nötig, was bei gemeinsamem Unterricht der Fall wäre.

Zudem sind die Weltreligionen und -anschauungen zu wichtig, als dass nur die Gläubigen genau über sie Bescheid wissen sollten (Kahl, 2000, S. 20). Religiöse Unterweisung könnte außerschulisch durch Eltern und die Glaubensgemeinschaften erfolgen. Der Untergang der Religion wäre dadurch nicht zu befürchten, wie die Beispiele USA oder Frankreich zeigen. Allerdings wäre dann der RU in seiner Position als „ordentliches Lehrfach" angegriffen, das GG müsste in diesem Punkt ergänzt oder geändert werden.

5 ZUSAMMENFASSUNG

Schulischer RU wirft in einer pluralen Gesellschaft Probleme auf. Er ist zwar grundgesetzlich als Lehrfach verankert, doch die gesellschaftliche Wirklichkeit entspricht der Regelung nicht mehr: Viele SchülerInnen sind nicht mehr gläubig oder gehören anderen Religionen als dem Christentum an. Durch die rechtlich begünstigte Position des RU werden diese Gruppen formal ausgegrenzt, sie erhalten als „Unnormale" nur ein Ersatzfach. Auch durch die Inhalte des RU werden bestehende trennende Wir-Identitäten verfestigt: Von einem vorgegebenen Standpunkt aus werden „andere" Anschauungen angesprochen.

Verbesserungen des RU in interkonfessioneller Hinsicht und durch stärkere Berücksichtigung „anderer" Religionen gehen sicherlich nicht weit genug.

Die Einführung von islamischem RU wirft zahlreiche rechtliche Schwierigkeiten auf, vom Fehlen eines Ansprechpartners bis zum berechtigten Anspruch weiterer Gemeinschaften auf Unterrichtserteilung. In letzter Konsequenz wäre dies finanziell und organisatorisch nicht zu bewältigen. Die Angst, dem „Unnormalen" mehr Raum zuzugestehen, es überhaupt erst zur Kenntnis zu nehmen, würde zudem bei der flächendeckenden Einführung Schwierigkeiten bereiten.

Ein gemeinsames ethisches Fach könnte der Ausgrenzung durch den RU entgegenwirken, Werte vermitteln und gleichzeitig lehren, mit der real vorhandenen gesellschaftlichen Pluralität in verschiedensten Lebensbereichen zurechtzukommen. Besonders wichtig erschient mir dabei das Argument, dass so eine gemeinsame Wir-Gruppe entstehen könnte, deren Mitglieder alle gleichberechtigt sind. Die SchülerInnen könnten auch besser lernen, aus verschiedenen Positionen zu einem Konsens zu kommen und andere Anschauungen zu respektieren. Das GG müsste jedoch vermutlich geändert werden, die dafür nötige Zweidrittelmehrheit ist aber nicht in Sicht. Ein Schritt in die richtige Richtung könnte zumindest eine Gleichstellung von RU und Ethikunterricht sein.

6 LITERATURVERZEICHNIS

- ARD Ratgeber Recht, Urteil (2000). Ethik statt Religionsunterricht. http://www.wdr.de/tv/recht/rechtneu/rn9901/r1ßß831.htm
- ARD Ratgeber Recht, Urteil (2000). Verletzung der Religionsfreiheit/Kruzifixentscheidung. http://www.wdr.de/tv/recht/rechtneu/rn9901/r100718.htm.
- Bommes, M. & Radtke, F.-O. (1993). Institutionalisierte Diskriminierung von Migrantenkindern. Zeitschrift für Pädagogik, 39/3, 483-497.
- Brockhaus-Enzyklopädie (Bd. 17). Mannheim: Brockhaus. 19. Auflage
- Bröking-Bortfeldt, M. (1994). Konfessioneller Religionsunterricht? Oldenburg: Oldenburger Universitätsreden.
- Bucher, A. (1996). Religionsunterricht: Besser als sein Ruf? Innsbruck-Wien: Tyrolia-Verlag.
- Der Spiegel, Spiegel online (12/2000). Frau Lehrerin darf kein Kopftuch tragen. http://www.spiegel.de/politik/deutschland/0,1518,70494,00.html.
- Die Zeit. (30/1998). Lehrer müssen Vorbilder sein. http://www.archiv.zeit.de/daten/pages/ 199830.element_.html.
- Doyé, G. (1996). Religion in einer durch kulturelle Vielfalt bestimmten Schule. In D. Fischer, P. Schreiner, G. Doyé & Ch. Scheilke (Hrsg.), Auf dem Weg zur Interkulturellen Schule (S. 131-146). Münster; New York: Waxmann.
- Ehlers, D. (1974). Entkonfessionalisierung des Religionsunterrichts. Neuwied; Berlin: Hermann Luchterhand Verlag.
- Elser, W. (1995). Islamischer Religionsunterricht. Schulverwaltung BW, 5/95, 102-103.
- Feagin, J. R. & Feagin, C. B. (1986). Discrimination American Style. Florida: Malabar.
- Fuchs-Heinritz, W. (2000). Religion. In Deutsche Shell (Hrsg.), Jugend 2000/13. Shell Jugendstudie (S. 157-180). Opladen: Leske und Budrich.
- Grundgesetz für die Bundesrepublik Deutschland (1995). Bonn: Bundeszentrale für politische Bildung

16

- Hauff, M. (1992). Falle Nationalstaat. Münster; New York: Waxmann.

- Hemel, U. (1988). Ziele religiöser Erziehung. Frankfurt/Main; Bern; New York; Paris: Peter Lang.

- Hessischer Kultusminister (1985). Kursstrukturplan: Ethik in der gymnasialen Oberstufe. Frankfurt/Main: Diesterweg.

- Hessischer Kultusminister (1982). Rahmenrichtlinien Ethik. Frankfurt/Main: Diesterweg.

- Kahl, J. (2000). Kein islamischer Religionsunterricht an staatlichen Schulen in Deutschland. Aufklärung und Kritik, 1/2000, 7. Jahrgang, 16-22.

- Keim, W. (1967). Schule und Religion. Frankfurt/Main, Berlin: Alfred Metzner.

- Knauth, Th. (1996). Religionsunterricht und Dialog. New York; München: Berlin: Waxmann.

- Kultusministerium Rheinland-Pfalz (1986). Lehrplan Ethik, Grundschule. Grünstadt: Emil Sommer.

- Kultusministerium Rheinland-Pfalz (1985). Lehrplan Ethik, Kl. 5-9/10, Hauptschule, Realschule, Gymnasium. Grünstadt: Emil Sommer.

- Link, Ch. (1976). Religionsunterricht im pluralistischen Staat. In A. Exeler (Hrsg.), Umstrittenes Lehrfach Religion (S. 21-45). Düsseldorf: Patmos.

- Ministerium für Kultus und Sport Baden-Württemberg (1986). Lehrplan für das Fach Ethik, Jahrgangsstufe 13. Lehrplanheft 1/1986. Villingen-Schwenningen: Neckar-Verlag.

- Münchmeier, R. (1997). Die Lebenslage junger Menschen. In Jugendwerk der deutschen Shell (Hrsg.), Jugend 97/12. Shell Jugendstudie (S. 277-301). Opladen: Leske und Budrich.

- Nieke, W. (1994). Interkulturelle Bildung als unerläßlicher Bestandteil von Allgemeinbildung. In S. Luchtenberg & W. Nieke (Hrsg.), Interkulturelle Pädagogik und Europäische Dimension (S. 39-48). Münster; New York: Waxmann.

- Neumann, J. (2000). Rechtlich provozierte religiöse Konflikte in der Schule? Aufklärung und Kritik, 1/2000, 7. Jahrgang, 43-70.

- Popp, U. & Tillmann, K.-J. (1996). Sozialisation - Eine Einführung. Fernstudienkurs der Fernuniversität Hagen, Kursnr. 03843.

- Schreiner, P. (1996). Ansätze interreligiösen Lernens in multikulturellen Schulen. In D. Fischer et al. (Hrsg.), Auf dem Weg zur Interkulturellen Schule (S. 147-164). Münster; New York: Waxmann.

- Siegele, A. (1990). Die Einführung eines islamischen Religionsunterrichtes an deutschen Schulen. Frankfurt/M.: Verl. für Interkulturelle Kommunikation.

- Skobowsky, P. (1995). Islamischer Religionsunterricht an der öffentlichen Schule - ein offenes Problem. VBE magazin, 5/95, 23-25.

- Struck, M. (1989). Soziale Vorurteile in unserer Gesellschaft. Hg. von der Friedrich-Ebert-Stiftung in Zusammenarbeit mit dem Forum WIR e.V. in Bonn.

- Tworuschka, U. (1994a). Weltreligionen im Unterricht oder Interreligiöses Lernen? In J. van der Ven & H.-G. Ziebertz (Hrsg.), Religiöser Pluralismus und Interreligiöses Lernen (S. 171-196). Kampen/Weinheim.

- Wenning, N., Hauff, M. & Hansen, G. (1993). Die Vielfalt akzeptieren! Pädagogik, 11, 54-57.